문득,

문득,

초판인쇄 2025년 2월 20일
초판발행 2025년 2월 28일

지은이 김순자
발행인 최한묵

발행처 도서출판 미소
주　소 인천광역시 미추홀구 토금남로 84, 203호
전　화 032-887-3454
팩　스 032-887-3455

ISBN 979-11-94663-00-3
값 12,000원

＊이 책은 저자와 출판사의 허락없이 무단 전재 및 복재를 금합니다.
＊잘못 만들어진 책은 바꾸어 드립니다.
＊이 책은 한국예술인복지재단 예술활동준비금사업에 선정되어 제작하였습니다.

문득,

김순자 시집

미소

[프롤로그 prologue]

날아가면서도 새를 그리워하는 새처럼

깊이 침잠해 있는
쏟아내지 못한
무겁고 무뎌져 목구멍에 걸린
내 안에 가득 찬 그 무엇

문신처럼 각인되어
허기로 절절매며 안절부절
아쉬움과 헛헛함의 갈증
온몸 구석구석 염증으로 파고든
꼬집어 말할 수 없는 그 무엇

평생을 다하여도
찾지 못한 함축된 문장 하나
너를 품고도 몸부림치며 너를 찾아 헤매는
숙제처럼 운명처럼 간절한 유서처럼 나는
방랑자 나는 유랑자 나는 떠돌이

차례

[프롤로그prologue] 날아가면서도 새를 그리워하는 새처럼　5
제1부　늦깎이 대추나무

언더독　12
늦깎이 대추나무　14
먼지　15
휠체어 미는 여자　16
문득,　18
어쩌란 말인가　20
가을 장송곡　21
같은 눈물 다른 통곡　22
땅따먹기　24
커피숍에서　26
달빛에 홀로 익어가는　27
뜨개질　28
걸음마　29

제2부 이름표를 바꿔 달다

춥다　32
윗집 할매　34
코로나 피에타　36
이름표를 바꿔 달다　38
백내장을 앓다　40
한정판　42
풍조　44
포스트 코로나19　46
시마와 함께　47
인생의 날씨　50
해넘이처럼　52
살고 지고 보고 지고　54
풍란 석부작　56

제3부 그냥

그냥 58
아침 이슬 59
소 발자국에 고인 물도 60
민망하다 61
세상에서 가장 환한 그 말 62
헤어진 가족을 찾습니다 63
단풍잎 한 장 64
불타는 신전 65
철모르는 계절 66
가로수 할아버지 68
요즘 할미들 70
하느님의 그림책 71
계양 아라온 72

제4부 산수유 꽃이 피면

능소화   74
봉선화   76
배롱나무   78
봄 앓이   79
자귀나무   80
해바라기   82
산수유 꽃이 피면   84
상사화의 날들   86
삼산 깡시장   88
잠 못 이루는 봄 밤   90
찔레꽃 피는 날에   92
어느 여름날에   93

제5부 바다의 숨결

바다의 숨결　96
소이작도　97
속초 바닷가에서　98
씻김굿이 펼쳐진 자작나무숲　100
두무진　102
사곶 해변에서　103
팔미도　104
장봉도　106
목섬　108
대진항　109
영종도에서　110
바다 향기 펼쳐 놓은 영흥도　111
물결의 향연　112

[에필로그epilogue] 눈 감으면 떠오르는　113
**작품평설 | 인간의 시간 속에 존재하는 삶의 통찰과 존재의 응시　120

제1부 늦깎이 대추나무

언더독/ 늦깎이 대추나무/ 먼지/ 휠체어 미는 여자/ 문득,/ 어쩌란 말인가/ 가을 장송곡/ 같은 눈물 다른 통곡/ 땅따먹기/ 커피숍에서/ 달빛에 홀로 익어가는/ 뜨개질/ 걸음마

언더독

누군가 나이를 물으면
언뜻
대답이 늦어진다

내세울 게 없는 나는
머뭇머뭇
속으로 내 삶을 되살펴 본다

시시각각 세상은 변하는데

무엇하다
어느새
이 많은 숫자 앞에 서 있는 겐가

자랑이 못 되는 나이
남의 것을 훔친 것도 아닌데
토해 낼 수도 없어
뒷걸음질 치듯 주춤거리는

〉
나이 앞에 서면 당당하지 못하고
떡국을 먹을수록 허기가 드는

늦깎이 대추나무

철쭉꽃 피고 영산홍 만발인데
대추나무 잎 돋기는 감감 무소식

어느 세월에 잎 나오고 꽃 피우고
열매 익어 추석상에 오르려나

어느 날 막혔던 혈관이 뚫린 듯
대추나무 문득
참새 주둥이처럼 삐쭉 내민 잎
귀를 쫑긋 세우고 넉살 좋게 반들반들

그래 늦깎이라도 반갑다
성경은 '먼저 된 자가 나중 되고
나중 된 자가 먼저 된다'라고 했던가
윤오영은 70에 명수필 〈달밤〉을 썼고
괴테는 《파우스트》를 80 넘어 썼다지

먼지

늙으면 먼지가 된다
구석진 자리로 쓸려나가거나
잔소리와 함께 쓰레기통으로 보내지는

둘러봐도 반겨줄 꽃밭은 없다
서글프고 외롭게 늙어가는 길
가볼 만한 곳은 다 돌아보아도
넓은 천지에 당당히 설 자리가 없다

깜빡깜빡 망각이 키를 세우고
늘어나는 주름살에 약봉지만 쌓이는
쭈그러든 기억 속에 나는 없다
자존감이 좋았던 먼지

차마 털어버리지 못하는
자식들 바짓가랑이에 애물단지로 붙어
허수아비 인사하듯 벙글대는 헛기침

휠체어 미는 여자

쇼핑을 하다
쉼터에 앉아 쉬고 있을 때
할머니를 휠체어에 태우고
오순도순 이야기를 나누는 젊은 여자
엘리베이터를 타고 올라간다

어쩜! 저리도 다정할까

딸?
며느리?
문제 맞추기 내기를 한다

요즘 보기 드문 착한 며느리다
아니 틀림없이 다감한 딸이다
아니 아니 아니야
무더위에 에어컨 빵빵 터지는 백화점이니
할머니와 바람 쐬러 나온 도우미일 게다

\>
딩동댕!
우리나라 좋은 나라
도우미 만만세!

문득,

기적이다
가파른 산을 넘고 드센 물결 바다 건너
1년은 365일
30,295여 일을 딛고 살아 왔구나

일제 강점기 끝자락을 지나
6·25 전쟁 참화의 와류 속을 헤매다
새마을 운동에 초가지붕 걷어내고
가난한 시집살이 새끼들 뒷바라지
파란만장한 격동의 시대를 겪으며
똥줄 타게 달려오느라 기억력도 쇠잔한데
초고속으로 변해가는 세상

문득,
서녘 노을 어느새 붉게 물들어 가고

존재가 본질보다 우선한다는
싸르트르의 자유 선택의 의지

그 삶의 무게에 맞서 싸워왔건만
조바심만 무성한 헛발질이라니

세월에 떠밀려 명치를 치는
황혼에 지친 낮달이 쓸쓸하다

어쩐 말인가

여민 문틈 사이로
새어드는 찬바람
어스름 달빛에 홀로 무르익은
가을을 어쩐 말인가

절절한 벌레소리
얼룩진 얼굴
쟁쟁한 기억 속에 안드로메다*의 절규
페르세우스*에게 흩뿌려 놓고
어쩐 말인가

전설 속을 헤매다 돌아온
억새 갈대 청명한 하늘
만산홍엽을 어쩐 말인가

*가을밤 별자리의 전설
 안드로메다- 바다의 괴물과 싸우다 위기에 몰림
 페르세우스- 위기에 몰린 안드로메다를 구해줌

가을 장송곡

소슬바람 지나가더니 이내
풀벌레 울음소리

장송곡 같기도 하고
장자가 죽은 마누라를 위해 노래 부르며
두드렸다는 질그릇 소리 같기도 하다

얼룩진 눈물 훔치며
몸을 눕혀가는 단풍잎 한 장

잎을 떼어 보내려는 것이더냐
잎이 떠나는 것이더냐

같은 눈물 다른 통곡

40대 초반 친구 두 명이
승용차를 타고 가다
역주행하던 음주 차량에 모두 사망했다

부천 중앙병원 지하 장례식장
203호실에서는 찬송가를 204호에서는 염불을

203호실에서 오열하는 젊은 여인
철부지 자식들과 어찌 살꼬
야속하다 이리도 무정한 사람아

푸념이 무성한 204호실
밥도 제때 못 먹다 이제 겨우 살 만한데
그 좋아하는 술 맘 놓고 먹게 할걸

요단강 건너 천국으로
황천 건너 극락으로
같은 눈물 다른 통곡이 메아리쳐

>
포말처럼 밀려오는 조문객들의 처연한 발걸음
삼가 고인의 명복을 빈다

땅따먹기

가위 바위 보
가위 바위 보
땅따먹기를 한다

한 뼘 두 뼘 따 모은 땅
뿌듯한 하늘에 어깨가 으쓱
재미지게 흥바람에 취해있을 때
굴뚝에 연기는 잦아들고
붉은 노을 너머
엄마가 부르는 소리

따 모은 그 넓은 땅을 두고
미련도 없이 두 손 툭툭 털며
엄마 따라 집으로 간다

평생을 다도다독 모아 온 재산도
어느 날 저승에서 부르면
빈손으로 가야만 하는 우리

\>
그래도 여전히
주식이 좋을까 부동산이 좋을까
삶인 듯 밤잠 설치며 궁리를 한다

커피숍에서

두 손으로 감싼
머그잔
갈색 시간은 여과 중이다

하얗게 부푼
생크림 같은
설렘

약속 시간의 농도 앞에서
조바심은 이어지고

여닫는 문소리에 쏠려
옷깃을 여미는
그리움 향긋한 그녀

산다는 건 늘 기다림의 연속인가

달빛에 홀로 익어가는

상수리 나뭇가지 끝에
팔마구니 등불처럼 달아놓고

으스름 달빛에 무르익은 가을

떨어지는 잎마다
검은 상처가 문신처럼 박혀있다

지난날들을 되짚으며 느려지는 발걸음
바스락바스락
발밑에서 한생이 부서진다

찬바람 옷깃으로 스며들고

한 생각 오므리면
우화등선을 품은 팔마구니
마른 무게로 흔들리는 저 투명

뜨개질

세월을 끌고 온 고단한 발자국
조바심의 매듭을 풀어
뜨개를 뜬다

욕망이 풀리면
실꾸리는 줄어들고

올올이 정성을 다해
그물망이 만들어졌다

심해의 바닥에 던진 그물
출렁이는 부푼 희망으로 걷어 올린

반 토막도 못되는 몽당연필 같은
어설프고 어리석은 시詩 한 수

걸음마

첫 발짝에
오!
호호호

아기는 두 손을 들고
지구의 중심을 잘 잡고 있다

두 발짝을 떼니
옳지!
까르르르

식구들 모여 앉아 손뼉 치며
웃는다
지구의 봄이다

제2부 이름표를 바꿔 달다

춤다/ 윗집 할매/ 코로나 피에타/ 이름표를 바꿔 달다/ 백내장을 앓다/ 한정판/ 풍조/ 포스트 코로나19/ 시마와 함께/ 인생의 날씨/ 해넘이처럼/ 살고 지고 보고 지고/ 풍란 석부작

춥다

명지바람 내딛는 오르막
돌부리에 차이고 넘어져도
가시밭은 꽃길이었다

펄펄 끓는 태양 아래
이랑이랑 김을 매며
눈물처럼 쏟아지는 땀을 닦아도
종달새 날개짓이 향기로웠다

무엇이든 다 이룰 수 있는 젊음
뫼비우스의 띠처럼 꼬아 놓은 길

얼떨결에 뜬구름 좇다 엎어져
두더지처럼 엎치락뒤치락 흙을 헤집다

잠시 돌아보니
어느새 꼭짓점을 돌아
다시는 돌아갈 수 없는 내리막길

청개구리 울음에 차이는 황혼

꽃단풍 마음 밭에 재촉하는 찬바람
가파른 길 내려오다 미끄러워 삐끗
투덜대는 무릎을 어르고 달래다
차라리 낭떠러지로 구르고 싶은

춥다
눈발이 성성한 겨울 한복판
주름살 지우듯
백발처럼 새하얀 눈은 내리고

윗집 할매

비탈길에서 넘어진 윗집 할매
골반 골절상으로 삼사 년
꼼짝없이 병실에 누워 있다

온몸에 주렁주렁 주사기를 달고
죽음의 사정거리 안에든 할매
일단 저승사자를 용케 피했다

풀잎처럼 위장한 사마귀
나뭇잎 뒤에 숨어 있다
메뚜기가 사정거리 안에 들어오면
냉큼 낚아챈다

도처에 죽음이 널려 있다
화장실 바닥도, 달려오는 음주 자동차도
턱주가리 치켜든 사마귀처럼
호시탐탐 노려본다

〉
우리는 늘 촉수를 세워 비상상태로
감지 레이더를 가동해야 한다

코로나 피에타

전화선을 타고
꺼이꺼이
우는 친구

고등학생 손자를 두고
코로나19가 딸을 데려갔다고

지가 의사이면서
남의 목숨 구하려다
제 목숨도 못 지킨 딸이라고
원망과 탄식이 뒤범벅 되어
운다

자식을 지키지 못한
어미는
어미도 아니라고

예수를 잃은 마리아의 눈물도

슬픔을 조각한 미켈란젤로도

통곡을 넘어 혼魂이 나간
우두망찰 허공에 빈 눈길
피에타

이름표를 바꿔 달다

김 아무개 주부님
이 아무개 주부님
젊은 교수님이 출석을 부른다
주부란 이름표를 달고 시작한
여성문화회관 문예창작교실 글쓰기

한 발짝 한 걸음 옮기다 보니 어언 30년
주부란 이름표 자리에
새로 붙은 시인, 수필가, 소설가

색깔도 다르고 잎 모양도 다르고
줄기와 높이도 다르지만
그 의연하고 숭고하게 꽃 피운 33명의 동지

흠이 될까 흔들릴까 놓칠세라 서로 잡은 손
그 기개 그 결기 그 지평
나무가 숲이 되고 숲이 모여 큰 산을 이루듯
흔들림 없이 뻗어가는 굴포문학이란 산맥

\>
30년 잔치는 끝나지 않았다네
40년, 50년 그리고
바오밥나무 숲처럼 천년을 보고 지고 살고 지고
꽃 피운 이름표에 열매 튼실 뻗어가기를

백내장을 앓다

하늘과 땅의 모든 경계가
뭉개졌다

시커멓게 재를 뿌려놓은 듯
빌라와 빌딩도 분간할 수 없다
산과 강도 아예 풍경이 없다
어둑어둑 길 없는 길
어디에 앞을 두고
어디로 눈을 떼야 하나

미세먼지가 안개에 휩싸여
무늬조차 뭉개져 보이질 않는다
숨 막히게 달려와 목적지에 닿을 듯도 한데
캄캄한 이 길의 끝은 어디일까
계절이 바뀌어도 보이질 않는다

바람에 쓸려 맑아지려나
빗물에 씻겨 선명하려나

까마득히 머언 푸른 하늘 그리워
무지개를 움켜쥔 고삐가 떨린다

한정판

빗발치는 총탄 속 까마득한 세월
신주단지 짊어지고 피난길 떠났던가
조상님 모시고 부모님께 순종했다

어느새 내가 부모 되어
학교 보낸 자식들 꽃길 걷길 빌고 빌며
알뜰살뜰 허리띠 졸라매고
쌀 한 톨도 아까워 주워 담는 근성
부모 자식 사이 틈새에 낀 우리는
우리는 이 시대의 한정판이다

성년이 되기도 전에
독립을 선언하는 손자들
너와 내가 자유로운 스마트한 세상
무성하게 물오른 푸른 잎에 가려
우선순위에서 애완견에게 밀린
우리는 할미가 되었다

〉
나누기는 잘해도 빼기를 못 배운
아둔하고 어리석게 정은 깊어
지나는 나그네를 고수레로 불러
들밥에 막걸리잔 나눠 먹던 후한 인심
어느새 주눅 들어 주춤거리는
대가 없이 모두를 사랑한 죄
끼고 돌던 자식에게 무시당해도
후회는 없다 그래도 사랑한다 무조건

풍조

아들을 낳으면
손해본 듯 섭섭하고
딸을 낳으면 남들도 박수친다

명절은 있는데 조상은 뒷전이고
친정 챙겨가기 분주하다
부계는 무너지고
모계가 생성하는 풍조

대체공휴일도 있어 넉넉한 휴일
명승지로 해외로 여행 가기 바쁜 여유
호불호가 가시처럼 박힌
자식은 귀한데 시부모는 싫다
지구는 자전과 공전이 여전한데

존재가 의식이 되어
어른과 아이의 질서가 뒤바뀐

세탁기 속 빨래처럼 뒤엉킨 세상
정신 줄 꼭 잡고 살아 갈 일이다

포스트 코로나19

불청객과 뒤엉켜 철옹성 독방에 갇혔다

죽음의 길목에서 이 한밤
정에 목마른 나는
낯선 너와 열렬한 동침을 한다

인사불성이 되어 귀신이 씌운 듯
넋을 잃고 사경으로 한밤을 보낸다
그렇게 꼬박 삼 일 밤낮
시속 200km로 어딘가로 달린 희미한 기억
햇볕 한 점 없는 시간이다

넋을 잃고 사모한 나의 코로나19
어렵사리 떠나보내고
한 발 더 넓어진 세상에서
지독한 코로나19와 2023년 8월 뜨거운
마지막 사랑을 몸서리치며 추억할 것이다

시마와 함께

유행도 지나간 지 오래된
코로나19가 찾아왔다
팬데믹 해제도 꽤 되었는데
느닷없이 찾아와
무대포로 덤벼들어 박치기로 시비를 건다

앓는데 이골이 난 나는 그래 좋다 겨뤄보자
네가 모른 척해서 무시한 줄 알고 은근히 섭섭했다
지구를 발칵 뒤집은 뻔뻔한 속내가
궁금하던 참이다
뒤늦게라도 찾아왔으니 손 내밀어 맞이한다

그는 초면에 인사도 나누기 전
대뜸 앞다리를 걸어 씨름판을 벌인다
이놈 봐라 꽤나 빡세게 나온다
엎어치고 내리치는 거미줄 같은 놈의 술수
호랑이에게 물려가도 정신만은 놓지 말자

＞
놀자 하니 못 놀 것도 없다
이왕이면 시마詩魔도 불러내자
무인도에 갇혔으니 시마를 앉혀놓고
굿거리 한판 벌려 볼거나
신명나게 북을 울려 둥둥 두두 둥
흥겹게 장고 치고 꽹과리를 친다
즐기는 것이 이기는 것

시마와 손잡고 한바탕 놀다 보니
세상이 뒤엉켜 뱅뱅 돌던 어지럼증도
쑤시고 저리던 육신의 뼈마디도
목이 붓도록 자지러지게 토해내던 기침도
오르내리던 한기도 슬금슬금
코로나19란 놈 어디론가 뺑소니치고 있다
오는 놈 막지 않고 가는 놈 잡지 않는다

이만하면 코로나19와의 싸움에

승부는 나지 않았나
안하무인 덤비는 별난 놈
세상을 공포의 도가니로 몰아넣은
옛끼 이 못된 놈아!
사방팔방에 소금 뿌려 액막이를 한다
잘 가시라 다시는 얼씬거리지 말거라

시마의 용감한 응원 고맙다
늘 함께한 나의 사랑하는 시마

인생의 날씨

살아있는 것은 아프다
무상하고 불확실하고
예측할 수 없고 늘 변화하는

가끔 바람이 분다
나뭇가지가 꺾이기도 한다
때로는 비가 온다 눈이 내린다
봄가을의 맑고 따스한 날씨에는
온통 세상이 내 것이기도 하다

고통은 몸의 불편함이 아니라
그것을 반응하는 마음에서 오는 것임을
몸이 깨달음의 도구가 되어
매 순간을 보살핀다

삶에서 불어오는 바람은
우리를 어느 곳으로든 데려갈 수 있다
삶의 고통과 존재의 외로움이

바로 인생이란 걸
아무도 예측할 수 없는 날씨

아픈 사실에 대하여 용서하시라

해넘이처럼

70년 동안 해마다 열리던 동창회
코로나 팬데믹 때문에 한동안 뜸하다
오랜만에 충주터미널에서 만나기로 했다

80대 중반 접어드니 몰골은 깊게 주름지고
모두가 추레한 표정들
그래도 이름만은 기억하고 서로 부르며
동문서답하는 백발의 어리바리한 낯선 이들
허리가 아프고 다리에 힘도 떨어지고
귀마저 어둡단다

한때는 대처로 나가
촌놈이란 등짐을 벗고
박사 판사 총장 사장이 되었다고
개천에서 용 났다며 뽐내기도 하고
명예롭다 장하다 모두의 자랑이던
하늘 나는 새도 떨군다던 그 권력
흥도 끼도 함박꽃처럼 흐벅지던 친구들

〉
한생을 지나가는 바람 바람이었나
화무십일홍이요 제행무상이라 했던가
이승의 모든 짐을 벗을 때가 되었으니
봄날에 가려거든 벚꽃 지듯 우아하게
가을에 가려거든 단풍잎 지듯 붉디붉게

서산마루 해넘이처럼 아름답게 저물기를

살고 지고 보고 지고

불빛 휘황찬란한 삼송스타필드*
무인기로 번쩍이는 오로라가 낯설어
두루미처럼 두리번대다 화려함에 휘감겨
허정허정 놀이기구로 다가섰다

공중을 나는 듯 휙- 짚 라인 또는 짚 로프
프로메테우스처럼 코카서스 산중 사슬에 묶여
암벽을 기어오르다 떨어지고 다시 기어오르고
과녁을 향해 화살도 날려보고
온갖 놀이기구들이 즐비한
번갯불에 콩 구워먹듯 돌고 도는 태양
지구는 온통 코로나19가 휩쓸고 있는데
젊은이들이 밀물처럼 몰려들어 북새통을 이룬
마스크 없이 여여하여 몽롱한 천상세계

봄비에 꽃잎 지듯 지친 나는
어쩌다 놓친 세월 뒤로 따라와
처음 접한 광경에 두둥실 뭉게구름이 인다

먼저 떠난 당신은 상상도 못 할
찬란하고 신기루 같은 판타지
우울, 비애, 절망의 날들을 날려버리자

축복받은 현대를 절대 포기하지 마시라
현란하여 신비롭고 신선한 어울림
살고 지고 보고 지고 하무뭇함이여*
순간순간의 여백에 맘껏 행복하시라

*삼송스타필드 : 고양시에 있음
*하무뭇하다 : 매우 흡족하고 만족스럽다

풍란 석부작

돌 언덕에 기대어
하얗게 뿌리 내리고
하늘을 바라보다 뒤돌아본 길

서럽도록 힘든 모퉁이 길도
눈물겹도록 그립고 따사롭다
아슬아슬 휜하다

두 눈을 부릅떠도 보이지 않는
앞으로 걸어가야 할 막막한 길

경로를 이탈한
변방의 아웃사이더는 아닌지
수수께끼를 풀 듯 남은 길
살피며
무작정 내일로 이어지는

제3부 그냥

그냥/ 아침 이슬/ 소 발자국에 고인 물도/ 민망하다/ 세상에서 가장 환한 그 말/ 헤어진 가족을 찾습니다/ 단풍잎 한 장/ 불타는 신전/ 철 모르는 계절/ 가로수 할아버지/ 요즘 할미들/ 하느님의 그림책/ 계양 아라온

그냥

그냥이란 말은
그냥 좋다

어떠한 작용도 상태의 변화도 없이
아무 뜻이나 조건 없이
이러쿵저러쿵 이유 없어 좋다

긴긴 봄날 햇살처럼
느긋하게 여유로워 그대로 줄곧 좋다

그냥이란
우주처럼 크고 넓은
생활이요 신앙이고 꿈이요 희망이다

그냥 놀고 그냥 먹고 그냥 자고
그냥 일하며
그냥 사는 게 행복하다

아침 이슬

순수의 보시로 흘린
눈물

거미줄에 방울방울
이슬로 맺혀 있다

저 아름다운 그물에 걸려
죽어간 생명들

애도하며
애도하는 영롱한 아침 이슬

소 발자국에 고인 물도

하늘을 쳐다봐도
산천을 훑어 봐도
청명하다

소발자국에 고인 물도 맑다는
가을

하늘은 높아가고
기도는 깊어진다

민망하다

찐득한 폭염을 누르고
하얗게 뭉게구름 분주한 하늘
바람 따라 둑길로 나섰다

논두렁 풀잎에도 누런 벼 포기에도
메뚜기가 튀고 방아깨비 날고
수런수런 계절을 휘젓는 여치소리

품앗이도 사라진 농가
부지깽이도 일손이란 가을걷이
찬바람 서두르는 손길이 바쁘다

벼 포기 위로 넘실대는 황금빛 파도
짱아가 빨갛게 술래잡기를 하는
삽상한 바람이 스치는 들녘

결 고운 햇살에 이끌려나와
한가롭게 느려지는 발길이 마냥 민망하다

세상에서 가장 환한 그 말

힘이 되는 달달한 말
뭐 그리 아까워
심연 깊숙이 묻어두고
꺼내보려고도 하지 않았던가

가시밭길도 꽃길로 만드는
빙산도 녹일 수 있는
낯간지러워 하지 못한 말

가슴 설레고 벅차
민망해서 망설이다
멋쩍어서 차마 못했던 그 말

멀리 떠나보내고 나서야
가슴 치며 후회되는
'사랑 한다'는 그 한마디

뭐가 그리도 어려워 말 못했던가

헤어진 가족을 찾습니다

서로 만나 얼싸안고 뒹구는
방송을 보며 나도
부모 형제 찾아 팻말 들고 나서 볼까

이승과 저승의 캄캄한 갈림길에
별이 된 나의 부모 형제들

꼭 한 번만이라도 만날 수 있다면
품에 안겨 딱 한 마디 말
사랑했노라 전할 수만 있다면

TV 화면에서 애절한 기다림
저들의 눈물이 부럽다

단풍잎 한 장

거미줄에 사뿐히
내려앉은
단풍잎 한 장

푸른 하늘 바라보다
수줍어진 얼굴

살포시 붉어져
실가마를 타네

불타는 신전

단풍잎 농익어 화사한
시월의 강가

마크 로스코의 그림을 보는 듯
빨강의 빛깔들이 윤슬로 반짝인다
건너편 산비탈 저녁노을에 너럭바위도
떡갈나무 느릅나무 옻나무 화살나무
온 산천에 불이 활활

불타는 신전이다

넋 놓고 바라보는 걸터앉은 석양
해 지는 줄도 모르고 모르게
그렇게

철모르는 계절

겨울 언저리를 맴돌던 햇살
양지바른 언덕에 개나리꽃 피웠다

처음부터 겨울의 중심인 듯
거세게 얼어 부칠 태세다
으름장을 치며 몰아치는 찬바람
잔뜩 긴장시켜 놓고
장미꽃이 피었다는 뉴스

자신의 목소리를 내지 못하던
옛날 옛적 앳된 새색시 같은
멍청하게 띨띨한 계절이 밉다
차라리 매몰찬 시어머니처럼
볶아치듯 추워야 겨울답다

모진 시집살이가 약이 되듯
보리 싹 웃자라지 않게
매서운 바람아 몰아쳐라

비겁하게 슬슬 물러나 능청 떨지 마시라
눈이라도 펑펑 새하얗게 뒤덮든가

매정하고 모질게 추워야 제 맛이다
겨울은 겨울다워야 풍년이 든다

가로수 할아버지

2차선 도로가에 서서
푸른 형광색 조끼를 입고
'교통약자 안전 지킴이'
어깨띠를 두른
할아버지는 가로수다

손수레에 파지를 잔뜩 싣고
골목을 밀고 나온 할머니
무단횡단을 서슴없이 한다

어쩌나 저를 어쩌나
가로수가 바람에 몸을 뒤틀며
손을 저어 크게 소리친다
그의 말을 귓등으로 흘린 손수레
넘어질 듯 뒤뚱대며 종횡무진 건너간다

멀쑥해진 가로수는 허수아비
허탈 웃음 지으며

시원한 그늘이라도 될까 싶어
어린이집 앞길을 둘러본다

부개공원 산책길을 다녀오며
쪼르르 가로수 그늘로 모여드는 원아들
저마다 배시시 배꼽인사를 한다

솔바람에 어깨가 으쓱해진 가로수
아기들의 앙증맞은 인사가 대견하다며
마음껏 허리 펴는 가로수 할아버지

요즘 할미들

백발에 꼬부랑 지팡이 짚고
치아가 함몰된 옛적 할머니들
짜증나고 귀찮게 따라다니며
오물오물 읊어대던 쓴 소리

시시때때 키를 세운 할머니의 잔소리
살아 보니 알겠다
잔소리 쓴소리가 보약이었다는 것을

요즘 할미들
백세시대라 말들 하지만
눈멀고 귀먹고 벙어리 된 잔소리

잘난 자식 놈에 똑똑한 손자님들
쓴소리 잔소리 행여 인심 사나울까
이 눈치 저 눈치 살피다
잔소리 낙엽 되어 우수수 쓸어내고
문지방 넘나들며 그림자만 키운다

하느님의 그림책

밤새 함박눈 내려
느티나무 소나무 산수유 잔가지에도 듬뿍듬뿍
온통 천지가 새하얀 하느님의 그림책이다

갑진년* 53페이지 첫 행
꾹꾹 언 발로 눌러 쓴 순백의 언어로
곤줄박이의 시 한 줄
백지에 모스부호로 찍혀
온몸에 전율이 인다

눈꽃 같은 시 한 수
작은 발자국 하얗게 새하얗게

*2024 갑진년 2월 22일

계양 아라온

가을바람에 흔들리는 석양 속으로
주춤주춤 그림자처럼 다가오는
어둠을 몰아내는 불빛의 아라뱃길

잔잔한 여운이 물결처럼 퍼져
일상의 고단함을
빛의 거리에 내려놓는다

따스한 빛의 물결
잠시 숨을 고르고
머무는 사람들의 발길

어둠이 짙을수록 더욱
밝게 빛나는 첫 눈처럼 포근한 여유

제4부 산수유 꽃이 피면

능소화/ 봉선화/ 배롱나무/ 봄 앓이/ 자귀나무/ 해바라기/ 산수유 꽃이 피면/ 상사화의 날들/ 삼산 깡시장/ 잠 못 이루는 봄 밤/ 찔레꽃 피는 날에/ 어느 여름날에/

능소화

촉촉한 가슴에 뿌려놓은
사랑의 불씨

궁녀 소화가 빈으로 죽어
구중궁궐 담장 밑에 묻혔다는데
못 잊어 못 잊어
마르지 않는 그리움

임금님을 만날 수 있다는 소망 하나
담장을 기어오르며
시샘과 음모도 아랑곳하지 않고
간절하게 신호를 보내는
등불처럼 꽃이 피어 하소연하는

다른 사람 눈에 띨까
꽃가루 충을 바람에 뿌려
눈을 멀게 한다는 비련의 능소화

>
햇살도 따갑게
희희낙락 전설을 엮는다

봉선화

봉선화 꽃잎 따서
명반 한 톨 넣고 돌절구에 찧어
손톱에 올려놓고
아주까리 잎에 싸서 실로 챙챙 맺은 언약

밤잠을 설치며 조심스레 감싸 쥐고
봉선화 꽃물 들여 눈 내리기를 기다린다
첫 눈 올 때까지 초승달 같은 꽃물 남아있기를
첫사랑이 이루어진다는 속설을 믿으며

뜰 앞에 봉선화 흐드러지게 피었는데
한 주먹 움켜쥐고 생각을 둘러본다
손녀 손을 잡아 봐도 아니라 하고
늙어 시든 내 손톱 새빨갛게 물들여 볼까

옛날 옛적 할머니가 말씀하셨다
늙은이 손톱에 꽃물 들이면
어두운 저승길에 환한 등불 된다고

〉
올 같은 무더위에 꽃물 들면
봉선화 곱고 짙게 겨울 내내 피어 있겠다

배롱나무

배롱나무 꽃그늘에 서면
초롱초롱 피어난 수다스런 꽃송이
세상 못할 일이 없다는 듯
붉게 터지는 다이너마이트

어찌 성깔대로 살아갈 수 있던가
더러는 울며 헛발질도 하고
장난치듯 간질간질 간질이고 싶은
못 견뎌 온몸을 뒤흔드는 간지럼나무

여름 내내 백일동안 뙤약볕에 맞서
너와 나를 겨루는 당찬 용기
영원한 사랑*으로 수줍음으로
땀 냄새 거둬주는 목백일홍 나무
무더위에 꽃땀 흘리며 여전히 웃고 있는

*배롱나무 꽃말

봄 앓이

눈길 닿는 곳마다 봄꽃 천지

개나리 진달래꽃 이름만 불러도
널뛰듯 숨이 출렁 차오른다

열아홉 청춘도 아닌데
주책없이 마음은 붉게 달아오르고
바람난 버들개지 솜털 날리듯
온통 들녘을 헤집고 다닌다

이 찬란한 야생의 여정

달래 냉이를 캐고 소리쟁이 쑥을 뜯고
고들빼기 씀바귀 홑잎나물 취나물
바구니에 담으면 손맛이 짜릿하다

고향 산천을 먹고사는 마음은 늘 푸르다

자귀나무

한 올 한 올 붓을 펼친 듯
꽃말이 '환희歡喜'라는
연분홍 유연한 자귀나무꽃
귀공자 여기 있소 팔 벌려 으스댄다

언감생심 어찌 그의 팔에 안길까
품격 높은 그 님 앞에
다소곳이 입 모아 읊조린다
부디 아름다운 문장 한 줄 얻고 싶소

어느 가문의 양반인가
외진 산모퉁이 비탈길에
도도하게 품 넓은 그를 만나면
무작정 허리 굽혀 인사를 한다

내 고향 앞산이 집성촌은 아닌지
단단하고 여무져 장기판을 누비던
초 한 전쟁에서 해서체로 초서체로

빨강색과 초록으로 군복을 입혀
마, 상, 차, 포, 졸까지 거느린 장군 멍군이 아니던가

해바라기

일편단심
목을 빼고 태양을 향한 마음

황금 마차를 타고 하늘을 달리는
헬리오스*를 보는 순간
끔벅! 한눈에 반한 클리티아*
헬리오스가 보고파
해바라기가 되었다는데

울타리 밖에서 키를 세우고
흔들흔들 서성이는 낯익은 얼굴
빈센트 반 고흐
그는

클리티아에게 반했던가
해바라기하다
해바라기가 되었나
남프랑스 아를에 고집 센 화첩

*헬리오스 : 천계의 신, 태양을 상징한다. 히페리온과 테이아의 아들
*클리티아 : 그리스 신화에 나오는 물의 요정, 오케아노스와 테티스의 딸

산수유 꽃이 피면

겨울 끝자락에서 잠자던
산수유 가지들이
꽃망울 터트리며 일제히 내지르는 함성

차가운 계절도 지났으니
한 번 신나게 놀아보리라

신명나게 이벤트를 벌여
군데군데 황금빛 물감으로
야단법석 판을 벌린다

노랗게 상기되어
까르르 얼굴을 내밀고
노랑나비 떼 지어 사방천지 내달린다

산수유꽃 환한 봄날
꿈자락에 실려 와 몸살을 앓고

노란 꽃물이 온몸에 스며들면
따스한 봄이 활개를 친다

상사화의 날들

고창 선운사 앞섶
손들어 환호하는
붉은 꽃물결

다가서는 가을 냄새에 끌려
첫사랑 함께한 길
그 아득한 설렘이 두근두근 차오른다

눈길 닿는 곳마다 이는 꽃불
피를 토하는 그리움인가
멀어져 간 내 사랑

잎 지고 꽃이 피듯 꽃 피고 잎 지는
정념으로 맺힌 응어리
저리도 붉은 상사화로 피어

기다림에 야위어 고개 젓는 꽃무릇

그대

여기에서 나를 기다렸던가

삼산 깡시장

삶에 지치고 따분하거든
새벽시장을 가보시라

세상을 짊어지고 뒤척이는
농부들의 땀과 상인들의 열정
치열한 삶의 현장은
활기로 넘쳐 못 이룰 게 없다

문득 고개를 돌리는 순간
작은 고요 속에 틈새를 스치는 바람
냉기를 감싸며 지나간다

소리와 냄새
손길과 시선이 어우러지고
사람과 사람
삶과 시간이 교차하는

>
그 살아 있는 풍경 속에서
삶은 묵묵히 빠르게 흘러 지나간다

잠 못 이루는 봄 밤

장가가라
시집가라
혼기 꽉 찬 자식 걱정

산에는 진달래
들에는 개나리
연산홍 철쭉꽃 싱글벙글
예서제서 청첩장은 날아들고

만개한 봄날에 짓눌린 근심
가녀린 잡초도 씨앗을 맺는데
꽃 곱고 잎 푸른 폼생폼사 좋다만
개나리는 빙빙 울타리만 둘러치고
진달래가 제아무리 곱고 튼실해도
열매 하나 못 맺는 허방

이왕이면 열매 실한
매화 살구 앵두 복사꽃

아니면
늦게라도 좋으니 대추꽃은 어떠한가

외면당한 낮달처럼 서글픈 내 사랑
얼마나 따사로운 나의 노을이던가

찔레꽃 피는 날에

봄 골짝마다
하얀 향기 가득하다

꽃내음 바람 속
찔레순을 꺾어 먹던
어린 내가
송아지처럼 엄마를 부른다

뱀이라도?
두 손 모아 기도하듯
단걸음에 여울물 건너
가시넝쿨 헤집고 달려오신

낮달처럼 하얀 무명옷 입으신 울 엄니
찔레꽃 고운 비단옷 한 벌 기워드리고 싶다

어느 여름날에

마당 한가운데
나무 그늘이
짐승처럼 꿈틀댄다

말매미 떼창에 잔디도 시름시름

난데없이 소낙비 한 줄금 뿌리더니
다시 소생하는 초록들
생명의 이음길이 신비롭고 경이롭다

구름장 어디에 비가 들어있었던 겐가
아인슈타인의 방정식으로도 풀 수 없는
조화로운 하늘의 비밀

온종일 몇 차례 소나기 뿌려
풀었다 조였다
변덕스런 날

제5부 바다의 숨결

바다의 숨결/ 소이작도/ 속초 바닷가에서/ 씻김굿이 펼쳐진 자작나무숲/ 두무진/ 사곶 해변에서/ 팔미도/ 장봉도/ 목섬/ 대진항/ 영종도에서/ 바다 향기 펼쳐 놓은 영흥도/ 물결의 향연

바다의 숨결

어둠을 딛고 들물로 철썩이는
대천 물항리 바닷가

백일 된 손주 잠투정을 달래며
통통한 볼기짝을 다독이는 손길처럼
몽돌들을 토닥토닥 쓰다듬는 물결

자장가 삼아 포근히 잠이 들고
여명에 주춤대다 빠져나간 밀물 뒷전

날이 밝아 문 열고 나서면
날물로 알몸 드러낸 몽돌들
밤새 알뜰하게 씻겨 개운한 듯
서로 몸 부비며 소곤소곤

햇살에 물기 말리는 해맑은 미소
당장 행운이 찾아올 것만 같은 아침

소이작도

도시의 소음이 수평선으로 사라진다
아이들의 웃음소리마저
썰물 따라 밀려 나간 섬

문득 바다가 바람이 되고
파도가 되고 하늘이 된다

뱃전의 깃발들이 썰물처럼 빠져나간 뒤
섬은 적막하게 낮잠을 청한다

들물 따라 들리는 뱃고동 소리
주저앉은 삶이
빛을 품은 윤슬로 반짝인다

속초 바닷가에서

이른 아침 겨울 바닷가
모래 알갱이들이 언 채 일어서서
발자국마다 서걱서걱 말을 건다

검푸른 포말이 한꺼번에 몰려와
높이 솟구쳤다 매몰차게 바위에 부딪친다

철썩~

햇살을 눌러쓴 물방울들이
오색찬란한 얼음 알갱이로
보석처럼 쏟아진다

좌르르~

수만 리 험한 길 헤쳐 달려온
화엄華嚴의 말씀들

>
영롱한 쌍무지개로 떴다가 사라진다

씻김굿이 펼쳐진 자작나무숲*

소복 입은 자작나무 어깨 위로
흐느끼는 곡소리
사르륵사르륵

하얗게 새하얀
송이 눈이 내린다

산을 넘는 나그네의 머리에도
다람쥐가 숨겨둔 도토리 무덤에도
마실 나온 산토끼 쫑긋한 두 귀에도
자분자분 조문하는 산골짝

동화처럼 흐벅지게 눈이 내린다

짐승들의 숨소리조차 잠재운 고요
가슴속 아득한 곳간
자작나무 숲을 찾던 발자국의 여운도
회한의 눈물도

포근한 콧노래가 되어
비단처럼 보드라운 눈발을 휘감고
정령들이 춤을 춘다 굿판이 펼쳐 졌다

새하얗게 소담소담 눈이 쌓인다

* 강원도 원대리 자작나무숲

두무진

광해군이 '늙은 신의 작품'이라고
말했다는 바위 절벽들

북녘을 바라보며 통일을 염원하는 듯
자유와 평화를 정론이라도 하는 젠가
듬직한 돌기둥들이 장군처럼 둘러 서 있다

10억 년 거센 물결을 버티다 보면
바위도 저리 뒤틀려 용트림 하는가
풍진 세상 옷 바꾸어 살다 저리 되었나

켜켜이 쌓여 하늘에 걸쳐 있는
숱한 인생의 편린들
두 눈 곧추세우고 절벽을 우러러 본다

사곶 해변에서

곱게 다져진 부드러운 모래밭
방망이로 밀어낸 국수 반죽처럼
길게 누워 뻗어있는 모래톱

한국전쟁 때는
UN군이 비행장으로 썼다는데
고운 여인의 살결처럼 뽀얗다

파도와 바람이 억 만년 다져온
저 촉촉한
탄력의 의지

저 멀리 두 대의 자동차
바닷바람을 가로질러 씩씩 달려간다
금방 이륙할 듯 이륙할 듯

팔미도

인천대교를 지나면
팔미도가 보인다

야트막한 봉우리에
흰 옷으로 갖춰 입은
고풍스런 옛 등대*

밤마다 별과 내통하며
성호를 뿜어내던
인천의 첨병

아늑한 서어나무 둘레길을 걸어가면
모래톱이 나오고
낙조가 나지막하게 품을 벌린 팔미도

굴곡진 역사의 길목에서
이 땅을 지키온 관문의 수문장 팔미도

*옛 등대는 1903년에, 새 등대는 2003년에 불을 밝혔다.

장봉도

차디찬 바람을 맞으며
갯벌에서
석화를 캐는 어머니
또락 또또락
굴을 쪼아 삶을 일구는 소리

바다로 나아가
물살을 견디며
지주를 세우고 발을 던지고
김을 매는 아버지

겨울이 끝날 즈음
선착장에 드나드는 배에
물기 어린 김이 가득한 포구

짭조름한 바다 냄새가 질퍽인다

＞
찬바람 물결도 서로 비켜서며 길을 열어주는 섬
비행기가 먼 하늘을 훑고 지나간다

목섬*

선재도에서 팔을 뻗으면
손아귀에 잡힐 듯

간조 때는 느낌표가 되었다가
만조 때가 되면 마침표가 되는 섬

느낌표를 따라가다 보면
모래바닥을 핥는 물결
자국마다 동죽이 널려 있다

추억의 장이 되고
삶의 지평이 되기도 하는

앵두처럼 익어가는 밤바다에
단단히 박힌 초록 점 하나

---

* 목섬 : 인천 옹진군 영흥면 선재리에 있는 작은 섬.
  항도 또는 목도라고도 함.

대진항

고요를 흔들며 어둠을 깨우는
새벽 소리 가득한 항구

배의 모터가 물살을 가르고
처척~ 선채를 두드리는 파도 소리
어부들의 거친 목소리와 뒤엉킨
작업 도구가 덜컹거리며
고무장화가 바닥을 스치는 둔탁한 소리

끊임없는 바다의 고단한 숨결
순환의 고리가 층층이 쌓여
깊숙이 치열한 비밀을 새겨 넣은

삶의 무게가 퀴즈처럼 새겨진
그 숨결로 하루를 잇는 대진항

영종도에서

바닷길 따라 레일바이크
페달을 밟으면 귓가에 울리는
경쾌한 쇠붙이 소리

저 멀리 실루엣을 품고 있는
인천대교와 송도국제도시
바다는 늘 그 자리에 있는데
수평선 너머 시시각각 변하는 하늘

풍경은 매일 새롭게 변하고
무심한 바다엔 고요만 흐른다

노을로 부서진 햇살이 바다로 내려와
하루의 끝을 물들인 황금빛 물결

바다 향기 펼쳐 놓은 영흥도

하늘고래전망대 맞은편
온몸을 꽁꽁 싸맨 아낙들
억척스런 조새질로
노상 좌판에 바다 향기를 펼쳐 놓는다

알뜰하게 해산물 품을 열고
하얀 알몸 드러낸 넉넉한 모래밭
물결을 몰아
햇볕에 부딪히며 들락날락
창백하게 부서지는 포말

담담하게
굳게 달려드는 결심도
움켜잡은 것을 놓아주는 용기로
약속인 듯 시간 맞춰
베풂을 다하는 밀물과 썰물

물결의 향연

굽이치는 물결의 향연
직선이 곡선으로 이는 순간이다

하늘과 맞닿는 수면의 붉은 물살
입질로 잠재우는 몸 비늘이 아프다

융숭한 빛살과 알갱이들
어느 덕망 높은 고승의 사리인가
한생의 찰라가 일렁이는
순간에 스쳐가는 아득한 격정

서역 만 리 넘어가는 화엄의 아우라다

[에필로그epilogue]

눈 감으면 떠오르는

  후미진 구경바위 비탈진 모퉁이 꿈을 꾸다 가위에 눌려 소스라친다

  낮의 현란한 빛이 아스라이 저물고 청소를 끝낸 외톨이 하굣길. 목도牧渡는 중고등학교와 면사무소가 있는 불정면佛頂面소재지다. 강물보다 지형이 얕아 마을 둘레로 강둑이 쌓여있다. 둑이 시작되는 외진 곳에 상여집이 있고, 강 건너 배를 타고 목도에 5일장을 보러 감물면 사람들이 오가는 나루터 끝자락. 여기서부터 초긴장으로 달리기는 시작된다.

  우측으로 공수봉산은 치솟은 기암절벽이다. 자박자박 어둠이 스며들면 짐승들의 불빛이 예서제서 협박하

듯 조여들며 신호를 보낸다. 좌측으로 위세를 떨치듯 시퍼런 목도강이 흐르고, 그 강물에서는 삼 년마다 한 사람씩 빠져 죽는다. 어둑어둑 해질녘이나 궂은 날에 강가를 지날 때면 물귀신이 이름을 부르며 따라온다는 속설은 현재진행형이다.

  비탈진 구경바위 길에 올라서면 강물 속 송장바위가 훤히 보인다. 명주실 한 꾸리가 다 풀려도 닿지 않는다는 시커먼 바위 밑에 이무기가 산다고 했다. 구경바위 지름길은 급경사진 절벽이다. 바위 위로 모래가 살짝 깔려 미끄러지면 천 길 낭떠러지다. 아니면 6·25 때 보도연맹들을 몰살시킨 해골들이 구르는 후미진 구렁을 한참이나 외돌아 가야 한다. 산과 강 사이 좁디좁은 외길, 산은 암벽으로 둘러쳐져 있고 강물은 성난 짐승의 혓바닥처럼 넘실댄다. 맞부딪쳐도 비켜설 수도 없는 잔도의 길이다.

  위협하듯 짐승들의 우짖는 섬뜩한 소리. 오금아 날 살려라 달린다. 때로는 산 위에서 짐승들이 흙을 흩뿌리기도 한다. 숨이 가빠오고 발걸음도 제대로 떨어지질 않는다. 비명을 질러도 헛소리일뿐. 볏섬바위를 거쳐 휘어진 길로 허둥지둥 정신없이 2km를 달려 여울목에 다다른다. 산모퉁이와 맞물려 물레방앗간이 있는 여울목. 허파를 드러낸 물레방앗간은 컴컴하게 덩치를 키우며, 음산한 바람으로 빈 숨만 몰아쉰다. 강물은 왼쪽으로 거슬러 올라 줄곧 오창리를 지나 괴강이 되고, 댐이 있는 괴산 산막이옛길로 이어진다. 오른쪽으로 접어들면 옹기종기 초가집처럼 정답게 낮은 산들이 터를 지킨다

  공수봉산 끝자락인 산모퉁이를 돌아서면 여기서부터 지장리芝莊理 열두 동네가 된다. 성황당 나무 아래 덩치 큰 미륵불이 시커멓게 눈을 치켜뜬 채 버티고 서 있다. 두 채의 인가가 있는 미륵댕이다. 조금만 더 돌아가면 가는골과 능골과 괴산으로 갈리는 세 갈래 길이 나온다. 괴산으로 가는 길로 접어들면 두 갈래 길은 멀어진다. 양쪽으로 멀어진 거리에서 허공이 달려들어 뒤통수를 잡아당기는 듯 머리가 쭈뼛! 온몸에 소름이 돋는다. 심장이 졸아드는 어둠을 짊어지고 탑들로 접어든다. 새끼줄에 소원을 하얗게 끼워 둘러친 돌탑이 길가 논 가운데 장승처럼 버티며 허허로운 벌판을 지키고 있다.
  왼편으로 한밭고개 아래 덩그러니 집 한 채가 있는 장회다. 산마루를 옆으로 밀쳐내고 시원하게 앞이 확

뚫린다. 사방에서 정체불명의 무언가가 기습해 올 것만 같다. 아찔한 공포가 피를 말린다. 길가에 수령이 높고 품이 넓은 버드나무 고목이 잠에 취해 흐느적거린다. 버드나무 썩은 우듬지가 눅눅한 저녁을 깨우듯 도깨비불처럼 푸르스름한 빛을 발산한다. 땀에 젖은 등골에 으슬으슬 한기가 일고, 두려움을 삼키듯 오금이 저려 발길이 후들후들 휘감긴다.

멀리서 개 짖는 소리도 반가운 삼신댕이, 띄엄띄엄 세 채의 인가가 보인다. 겨우 한숨 돌리고 또 산모퉁이를 돌고 돈다. 산은 낮아도 어둠의 구렁 길에는 살쾡이 소리가 여전하다. 날카로운 짐승들이 우짖는 눈빛을 밟으며, 달리고 달려 아득히 희미한 불빛이 번지는 들말, 이십여 호의 큰 동네가 보인다. 후유~ 긴장이 풀리면서 온몸의 힘이 쭉 빠진다. 크게 한숨을 들이키며 천천히 들말동네를 지난다. 몸서리치게 멀고도 가까운 십리 하굣길. 산 밑 작은 골짜기에 두어 채의 인가가 보이는 샘골을 지나 조금만 더 올라가면 우리 동네 덕실이다.

이윽고 순자야! 동구 밖 멀리 마중 나온 엄마가 부르는 소리, 힘이 돋아 달려가던 발자국 자국마다 피어오른 서리 녹은 온기. 밤하늘에 별처럼 아롱진 엄마의 자리. 지금도 모락모락 김이 피어오르듯 엄마란 이름만 불러도 그리운, 부르면 가슴 뭉쿨 메이는 그 이름 엄~마.

작품평설

인간의 시간 속에 존재하는 삶의 통찰과 존재의 응시

한상렬 / 문학평론가

"미네르바의 올빼미는 황혼이 저물어야 그 날개를 편다."고 했다. 이는 독일의 철학자 헤겔이 그의 저서 《법철학 강요》에서의 언명이다. 그의 언술에 의하면, 철학은 앞날을 예측하는 것이 아니라, 어떤 현상이 일어난 뒤에야 비로소 역사적인 조건을 고찰하여, 철학의 의미가 분명해질 수 있다,는 말이겠다. 또는 황혼을 시간대에 대한 비유로 해석하여, "지혜와 철학이 본격적으로 필요할 때는 세상이 어둠에 휩싸이고 인간성이 사라져 갈 때"라 보기도 한다. 미네르바의 올빼미가 어디 이에 한정하랴.

김순자가 시단에 등단한 것은 2000년 『문학세계』다. 그새 25년이란 세월이 흘렀다. 등단 이후 그는 《풀잎은 누워서 운다》(2004), 《청빈한 줄탁》(2008), 《승객》(2017년) 《서리꽃 진자리에》(2021)를 발표하였는가 하면, 이제 새로이 시집 《문득,》을 상재한다. 시인의 다섯 번째 시집에 해당한다. 작가로서는 적지 아니한 결실이다.

김순자 시인의 시집 《문득,》의 책문을 연다. 다섯 마당으로 펼쳐진 62편의 서로 다른 얼굴들이 저마다의 숨결을 지니고 있다. 제1부의 '늦깍이 대추나무'에는 나이듦의 자기관조와 성찰의 이미지가, 제2부의 '이름표를 바꿔 달다'에는 시인으로서의 자존과 존재인식의 언어적 성찰이, 제3부의 '그냥'에선 시인의 정서적 미감, 제4부의 '산수유 꽃이 피면'에는 자연과 동화된 존재의 응시와 통찰이, 그리고 제5부의 '바다의 숨결'에는 공간애인 토포필리아topophilia가 삶의 통찰과 존재의 응시라는 담론을 바탕으로 이미지화되어 있다. 이들 시인의 사유는 서로 유기적 관계를 형성하면서 작가정신의 축인 '인간의 시간' 안에서 존재하고 있다.

김순자의 시편은 '인간은 인간의 시간 속에서 비로소 존재한다.'는 철학적 명제를 근간으로, 시인이 목도하는 현상의 체험을 통해 가시화하고 있다. '인간의 시간' 안에서만 자신의 존재를 발견할 수도, 확인할 수도 있다는 가치명제는 시인의 시편 속에 그만의 시적 이미지로 변용되고 굴절되어 시적 이미지로 형상화되어 있지 싶다. 인간은 자기 현재의 모든 것들, 일테면 슬픔이나 기쁨, 걱정, 희망 중 그 어느 것도 과거의 기억이나 미래의 기대와 분리시켜 생각할 수 없다. 그리하여 과거는 기억으로써, 미래는 기대로써, 우리의 현재의 삶이 언제나 참여하고 있다. 이런 인간의 시간은 아리스토텔레스의 시간이 아니다. 아우구스티누스의 시간이며, 육체의 시간이 아니고 영혼의 시간이다. 결국 모든 자연물들이 '물리적 시간' 안에서 존재하듯 모든 인간은 '시간' 안에서 존재한다는 사유에 근거한다 하겠다.

이렇게 김순자의 시집 《문득,》은 그 표제 자체가 인간의 시간을 인유引喩하고 있다. 언어의 기표로 보면 그저 단순한 외연적 의미일 듯하지만, 내포된 기의는 인간존재의 의미를 함축하고 있다. 미네르바의 올빼미가 상징적으로 보여주듯, 김순자의 시편에서 보여주는 언어적 기의는 삶의 통찰과 존재의 응시에 기반한 이미지의 결합이자, 인간의 시간을 변용한 철학적 사유를 언어화한 명쾌한 해석일 것이다. 이제 시인의 시편 속에 녹아 있는 인간의 시간 속 존재의 지평을 추적하고자 한다.

1. 인간의 시간, 존재인식의 인문학적 성찰

김순자의 시집《문득,》의 책문을 열면 시인의 목소리가 나직이 들려온다. 시편 〈날아가면서도 새를 그리워하는 새처럼〉은 이 시집의 프롤로그prologue에 해당한다. 시인은 '날아가면서도 새를 그리워하는 새처럼' 아쉬움과 헛헛함의 갈증으로 시를 짓는다. "온몸에 염증으로 허구한 날 근처를 맴도는/ 꼬집어 말할 수 없는 그 무엇" 시인의 시작詩作은 이런 열병과도 같은 욕구에서 출발한다. 하지만 "평생을 다하여도 / 찾지 못한 함축된 문장 하나" 그래 시인은 이를 찾아 떠나는 '노마드nomad'이다. 이런 존재인식의 사유가 잘 드러난 이 시편은 글자 그대로 시적화자의 장인정신이자, 작가정신일 게 틀림없다,

깊이 침잠해 있는
쏟아내지 못한

무겁고 무뎌져 목구멍에 걸린
내 안에 가득 찬 그 무엇

문신처럼 각인되어
허기로 절절매며 안절부절
아쉬움과 헛헛함의 갈증
온몸 구석구석 염증으로 파고든
꼬집어 말할 수 없는 그 무엇

평생을 다하여도
찾지 못한 함축된 문장 하나
너를 품고도 몸부림치며 너를 찾아 헤매는
숙제처럼 운명처럼 간절한 유서처럼 나는
방랑자 나는 유랑자 나는 떠돌이
    -〈날아가면서도 새를 그리워하는 새처럼〉 전문

  시인의 목마름은 현재진행이다. 시를 향한 시인의 목마름과 허기는 그로 하여금 영원한 시인이기를 희원한다. 그래 지금 그는 스스로 노마드의 길을 가고 있다. 자신을 방랑자요, 유랑자라 명명할 만치, 그는 시적 사유의 샘을 그리워하고 있다. 그래 시인에게 있어 과거는 흘러가는 것이 아니라, 현재 안에 언제나 함께 있는 것이며, 현재가 근거하고 있는 심연이자 바탕이다.

  시인에게 있어 과거는 현전現傳하는 것이고, 이런 시간이 바로 '인간의 시간'일 것이다. 평생을 다하였지만, 아직도 찾지 못한 언어의 밭. 매양 그 밭에 씨를 뿌리고 싹을 틔어도 시인의 갈증은 해소되지 않는다. 이런 시인의 정신세계가 그의 시편을 완숙하게 하지 않았을까 싶다. 그래 그에게 있어 과거란 단순히 '지나가 버린 것'이나, '이미 존재하지 않는 것'이 아니다. 그것은 오히려 매 순간 현전하고 영향을 주며 현재를 구성하는 요소가 된다. 이제 시편 〈언더독〉을 음미할 계제階梯다.

    누군가 나이를 물으면
    언뜻
    대답이 늦어진다

    내세울 게 없는 나는
    머뭇머뭇
    속으로 내 삶을 되살펴 본다

    시시각각 세상은 변하는데

    무엇하다

어느새
이 많은 숫자 앞에 서 있는 겐가

자랑이 못 되는 나이
남의 것을 훔친 것도 아닌데
토해 낼 수도 없어
뒷걸음질치듯 주춤거리는

나이 앞에 서면 당당하지 못하고
떡국을 먹을수록 허기가 드는

-〈언더독〉 전문

"누군가 나이를 물으면/ 언뜻/ 대답이 늦어진다"라는 시적언술로부터 열리는 이 시편은 '인간의 시간'을 잘 보여준다. 누구나 시간 속에서 나이를 먹고 떠날 채비를 한다. 아무런 준비도 없이 홀연히 세상을 떠나는 사람도 있지만, 자신의 '나이듦'에 대한 사유는 과거에 대한 반성과 회한 그리고 미래에 대한 희망이란 출구 찾기를 통해 자기관조와 성찰이란 철학적 명제에 닿게 한다.

어쩌면 우리의 삶은 이처럼 구도求道의 과정일 수 있다. 시인은 자신을 '언더독'이라 했다. 게임이나 시합에서 승산이 적은 사람을 이르는 이 언어의 기표가 갖는 의미심장함은 자신의 삶에 대한 반성이자 성찰임이 분명하다. "자랑이 못 되는 나이/ 남의 것을 훔친 것도 아닌데/ 토해 낼 수도 없어/ 뒷걸음질치듯 주춤거리는"라는, 이 구도의 과정은 "나이 앞에 서면 당당하지 못하고/ 떡국을 먹을수록 허기가 드는" 자조적 자기성찰에 이른다. 인간의 시간 안에서 존재인식의 인문학적 성찰이겠다.

  데이비드 브린David Brin은 〈시간의 강〉이란 단편소설에서 "사람들은 마치 같은 강줄기의 다른 부분에서 헤엄치는 물고기처럼 흐름을 이리저리 옮겨 다니며 흘러가고 있다. 어떤 사람은 급류에 휘말려가고, 또 어떤 사람은 강기슭에서 가까운 흐름을 따라 천천히 떠다니기도 한다. (…) 우리는 그동안 얼마나 융통성 없고 독선적이었는가. (…) 이제는 이 거대한 강을 이해하고, 그 안에서 평안을 찾고 싶다."라고 언명했다. 그렇다. 만일 우리가 같은 시간의 흐름 속에 있지 못하다면 함께할 수 없을 것이다. 오늘이 어제의 연속선상에서 진행된다는 자각과 어제의 고통을 오늘에 되살리지 못하는 한 내일은 밝을 수가 없다. 하여 지난날의 삶을 투시하고 그 안에서 변화의 길을 찾는 일은 빛을 찾아 떠나는 여행이 될 것이다.

  시인은 지금 이름표를 바꿔 달고 있다. "한 발짝 한 걸음 옮기다 보니 어언 30년/ 주부란 이름표 자리에/ 새로 붙은 시인, 수필가, 소설가, 라는 거목들"처럼 '문학'이란 이름 아래 연륜을 더해 새로운 시간의 질서 안에 직립한 작가군作家群을 떠올린다. '굴포문학'이란 자신의 문학적 토양에 대한 애정이요, 의미의 되새김일 것이다. 시인에게 있어 '굴포문학'이란, 문학의 텃밭으로 지금의 자신이 있었음을 감사한다. 이런 작가정신이 오늘의 자신이 있게 하였음에 대한 감사일 것이다.

    색깔도 다르고 잎 모양도 다르고
    줄기와 높이도 다르지만
    그 의연하고 숭고하게 꽃 피운 33명의 동지

    흠이 될까 흔들릴까 놓칠세라 서로 잡은 손
    그 기개 그 결기 그 지평
    나무가 숲이 되고 숲이 모여 큰 산을 이루듯
    흔들림 없이 뻗어가는 굴포문학이란 산맥

    30년 잔치는 끝나지 않았다네
    40년, 50년 그리고

바오밥나무 숲처럼 천년을 보고 지고 살고 지고
  　　 　-〈이름표를 바꿔 달다〉에서

 이런 시인의 뿌리에 대한 확인은 들고나는 문학판에 경종警鐘일 수도 있다. 나이듦은 그만치 자신을 성장시켜 완숙하게 한다. 거저 흘려버린 게 아니라 그만큼 사유의 진폭이 넓어지고 천착하는 세계의 깊이가 깊어졌다는 자기성찰은 그의 시편을 농익게 하였으리라.
 생각해 보라. 누구나 나이가 들면 추억을 먹고 산다 했다. 지난 시절의 추억이 화려할수록 자신도 모르게 과거에 집착하게 한다. 그런데 그 추억의 빛깔이 어찌 고울 수만 있겠는가. 생각하기 싫은 끔찍한 일도 있겠고, 가슴이 덜컹 내려앉는 사건·사고며, 누군가를 떠나보내야 하는 찢어지는 아픔도 우리에겐 있다. 그럼에도 아름다운 추억은 향기롭다. 다만 우리에겐 망각이란 축복받은 기능이 있어 더러는 잊고 살고, 더러는 기억의 저장장치에서 서서히 사멸한다. 그래 아무리 진하게 각인되었던 일도 세월은 그것들을 희석시키고 망각의 강으로 흘려보낸다.
 또 다른 시편 〈늦깍이 대추나무〉는 이런 존재인식으로부터 출발한다.

어느 날 막혔던 혈관이 뚫린 듯
대추나무 문득
참새 주둥이처럼 삐쭉 내민 잎
귀를 쫑긋 세우고 넉살 좋게 반들반들

그래 늦깎이라도 반갑다
성경 구절에 '먼저 된 자가 나중 되고
나중 된 자가 먼저 된다'라고 했던가
윤오영은 70에 명수필 〈달밤〉을 썼고
괴테는 〈파우스트〉를 80넘어 썼다지

-〈늦깎이 대추나무〉에서

  아마도 시적화자는 뒤늦게 문학에 입문한 일을 두고 이렇게 성찰하고 있는 게 아닐까 싶다. 하지만 매사는 들뢰즈Deleuze의 언명처럼 그저 '생각의 차이'일 뿐이다. 나이듦에 대한 화자의 소회를 이미지화한 이 시편은 윤오영과 괴테라는 새로운 시선을 통해 자기화하고 있다. 시인 김순자의 내적의지와 삶에 대한 건강함이 시편에 녹아 있다. 미셸푸코Michel Paul Foucault가 말했듯, 시인은 일상의 삶에서 "사유의 전 지평을 산산이 부숴버리는" 존재의 의미를 해석해냄으로써 삶의 진실에 눈뜨게 한다.

이런 존재인식은 인문학적 성찰을 통해 그 진실에 접근하게 된다. 〈먼지〉의 경우가 그러하다. 소소한 소재가 주는 본질적 의미에의 추적은 인문학적 성찰과 마주하여 보물찾기와 같이 삶의 진실에 다가서게 한다.

> 늙으면 먼지가 된다
> 구석진 자리로 쓸려나가거나
> 잔소리와 함께 쓰레기통으로 보내지는
>
> 둘러봐도 반겨줄 꽃밭은 없다
> 서글프고 외롭게 늙어가는 길
> 가볼 만한 곳은 다 돌아보아도
> 넓은 천지에 당당히 설 자리가 없다
> 　　　　　　　　　　　　　-〈먼지〉에서

"늙으면 먼지가 된다." 그런데 "둘러봐도 반겨줄 꽃밭이 없다."는 화자의 자각은 인간의 시간으로 보아 서글프고 외롭기 마련이다. 시적 자아의 이런 존재적 자각은 "넓은 천지에 당당히 설 자리가 없다."라는 다소 침울한 정조情調에 침잠하게 한다.

다음으로 시인의 정서적 미감은 〈윗집 할매〉에서 존

재인식의 또 다른 표정인 '죽음'이란 불가해한 이미지와 결합하여 자아 성찰에 계기가 된다. 죽음에의 명상일 것이다.

〈윗집 할매〉의 시적 형상화는 타자를 통한 '자기 얼굴 그리기'이다. 죽음이 숨어 있는 비상상태. 이를 지켜보는 시인의 정서에 '죽음'이란 그림자가 실루엣처럼 지나간다. 비탈길에서 넘어진 할매, 죽음의 사정거리에서 저승사자를 용캐 피했지만, 내일은 불확실하기만 하다.

> 풀잎처럼 위장한 사마귀
> 나뭇잎 뒤에 숨어 있다
> 메뚜기가 사정거리 안에 들어오면
> 냉큼 낚아챈다
>
> 도처에 죽음이 널려 있다
> 화장실 바닥도, 달려오는 음주 자동차도
> 턱주가리 치켜든 사마귀처럼
> 호시탐탐 노려본다
> 　　　　　　　　　　　　　-〈윗집 할매〉에서

이 시편은 인간의 길에서 뼈아픈 지양을 보여준다.

"우리는 늘 촉수를 세워 비상상태로/ 감지 레이더를 가동해야 한다"는 언어적 기의에서 사유의 깊이를 체감하게 한다. 소크라테스는 "죽음에 임박한 백조는 그 어느 때보다 찬란하게 운다."고 했다. 그런가하면, 하이데거는 "죽음이란 언제나 나의 것이다. 죽음은 현존재가 존재하자마자 떠맡은 하나의 방식이자, 가능성이다."라고 하였다. 이런 철학적 사유는 〈같은 눈물 다른 통곡〉에서 더욱 구체화되고 있다.

세네카seneca는 인간의 삶을 연회宴會에 비유하였다. 다분히 스토아적이다. 그에 의하면 연회에 초대된 사람은 너무 일찍 자리를 떠나 주인을 섭섭하게 해서도 안 되지만, 그렇다고 너무 늦게 떠나 주인에게 폐가 되어서도 안 된다 했다. 때를 맞추어 연회를 떠나는 이의 단아하고도 강건한 모습은 아름답다. 죽음이란 누구에게나 불가사의하고 불안을 떨치지 못하게 한다.

2. 시적 정서와 바람의 음색 그리고 토포필리아
pophophilia

나이 든다는 것은 사유의 단절이 아니다. 나이 듦에도 뭔가 새로운 것을 추구하고자 하는 욕망은 누구나의 몫이다. 그래 시인에겐 한 걸음 내딛고자 할 때마다 걸리는 것이 있다. 그저 나이 듦이 아니다. 뭔가 계획하고 사유해야 한다는 존재 각성은 새로운 깨우침을 준다.

  김순자의 시편은 조촐하고 정갈하다. 소박한 울림이 있고, 내밀한 깊이가 있다. 산모롱이 돌아서 만나는 굽낮은 바람의 음색이다. 그 바람이 잠시 길을 멈춰 귀 기울이는 작은 여울이요, 징검다리이기도 하다. 그 징검다리를 건너 만나는 고즈넉한 마을과도 같은 시적세계를 그의 시집에서 만난다. 그래 그의 시편은 편편이 사유의 조각들이다. 아니, 사유의 악보樂譜라 해도 좋겠다. 그의 시는 일상의 조각들을 서로 짜 맞추고 조율하여 새롭게 연주하고자 하는 이들을 위해 펼쳐놓고 있다. 아니 그의 시편은 프랑크슈타인으로부터 면면히 이어온 외과 의사들의 계보처럼 직접적이고 단순하며 파편적인 접합이나 봉합이 아닌, 지각과 언어를 통한 존재상태로써의 진리가 밀고 당김을 통해 구체화되고 있다.

    그냥이란 말은
    그냥 좋다

어떠한 작용도 상태의 변화도 없이

아무 뜻이나 조건 없이

이러쿵 저러쿵 이유 없어 좋다

긴긴 봄날 햇살처럼

느긋하게 여유로워 그대로 줄곧 좋다

그냥이란

우주처럼 크고 넓은

생활이요 신앙이고 꿈이요 희망이다

그냥 놀고 그냥 먹고 그냥 자고

그냥 일하며

그냥 사는 게 행복하다

-〈그냥〉의 전문

"그냥이란 말은 그냥 좋다."라는 이 담백한 시인의 전언傳言이 독자를 사로잡는다. 철학적 사유의 깊이는 아니어도 단순명료하고 언어적 기의가 참신하다. 그의 초상肖像이자, 달관한 삶의 자조요, 관조다. "긴긴 봄날 햇살처럼/ 느긋하게" 그리고 "우주처럼 크고 넓은/ 생활이요 신앙이고 꿈이요 희망"이다. 이런 건강한 작가정신이 언어적 성찰과 연계되어 그만의 음색音色으로 독자를 사로잡는다.

  시인의 시적 정서는 〈인생의 날씨〉에서 보듯 삶의 진정성을 담보擔保한다. 그렇다면 시인의 시간은 유형의 것인가, 무형의 것인가. 한 개인의 삶이 시작되면서 누구에게나 공평하게 주어지는 게 '시간'이다.

> 살아있는 것은 아프다
> 무상하고 불확실하고
> 예측할 수 없고 늘 변화하는
>
> (중략)
> 삶에서 불어오는 바람은
> 우리를 어느 곳으로든 데려갈 수 있다
> 삶의 고통과 존재의 외로움이
> 바로 인생이란 걸
> 아무도 예측할 수 없는 날씨
>
> 아픈 사실에 대하여 용서하시라
>   -〈인생의 날씨〉에서

  삶이란 항상 무상하고 불확실하다. 예측할 수 없을

만치 늘 변화하는 게 인간의 삶이다. 그래 자신과 함께 유형으로 존재하는 시간을 무형의 시간처럼 허투루 쓸 수 없다. "아픈 사실에 대하여 용서하시라"는 시적화자의 고운 음색이 유의미하고도 가치 있는 시선이 아닐까.

  시인의 이런 미적정서와 미감은 제4부의 '산수유 꽃이 피면'과 제5부의 '바다의 숨결'에서 보듯 '꽃'이라는 일반화된 소재를 의미롭게 구사하면서, '섬'에 대한 보편적 정서에 그만의 사유를 담고 있다. 이들 작품들은 공간애라는 '토포필리아'로 변용 굴절시키면서 불꽃놀이에 취醉하게 한다.

  이 시집의 제4부는 꽃을 소재로 하고 있지만, 초자연적 삶의 근원이자 희원의 상징인 꽃으로 대유代喩되고 있다. 능소화, 봉선화, 배롱나무, 해바라기, 산수유, 찔레꽃, 상사화는 시인이 지향하는 자연과의 교감이며, '삼산 깡시장'은 그 모태인 고향이란 공간 이미지와 접맥된다. 그런가 하면, 그의 발길을 잠시 머물게 하는 섬과 항구 -속초, 두무진, 사곶해변, 팔미도, 소이작도, 장봉도, 영종도, 영흥도, 목섬-에서 바다의 숨결과 향기, 물결의 향연을 불꽃놀이 하듯 정서적 이미지를 재현하고 있다.

겨울 끝자락에서 잠자던

　　산수유 가지들이

　　꽃망울 터트리며 일제히 내지르는 함성

　　차가운 계절도 지났으니

　　한 번 신나게 놀아보리라

　　　　　　　　　　　-〈산수유 꽃이 피면〉에서

　시인의 심리적 고향은 다름 아닌 산수유가 피는 곳이요, 아래 시편 〈바다의 숨결〉에서 밝히듯, "날물로 알몸 드러낸 몽돌들/ 밤새 알뜰하게 씻겨 개운한 듯/ 서로 몸 부비며 소곤소곤"하는 곳이다. 이처럼 시인의 시선은 '공간' 이미지에 정박해 있다. 고향이란 언어적 기표가 갖는 토포필리아topophilia다. 그리스어로 장소를 뜻하는 'topos'와 '병적 애호'를 뜻하는 'philia'의 합성어로 장소애, 공간애의 의미를 함축하고 있다. 이 푸 투안Yi Fu Tuan의 신조어로 공간에 대한 인간이 갖는 자각이다.

　　날이 밝아 문 열고 나서면

　　날물로 알몸 드러낸 몽돌들

밤새 알뜰하게 씻겨 개운한 듯
서로 몸 부비며 소곤소곤

햇살에 물기 말리는 해맑은 미소
당장 행운이 찾아올 것만 같은 아침
       -〈바다의 숨결〉에서

 이런 경향성은 〈해넘이처럼〉이나 〈단풍잎 한 장〉에서 더욱 구체화된다. 그 중에도 〈씻김굿이 펼쳐진 자작나무숲〉은 돋보이는 작품이다. 신선한 이미지와 시적 감수성이 혼재하여 시적 사유의 깊이를 느끼게 한다.

소복 입은 자작나무 어깨 위로
흐느끼는 곡소리
사르륵사르륵

하얗게 새하얀
송이 눈이 내린다

산을 넘는 나그네의 머리에도
다람쥐가 숨겨둔 도토리 무덤에도
마실 나온 산토끼 쫑긋한 두 귀에도

자분자분 조문하는 산골짝

　　(이하 생략)

　　　　　　　-〈씻김굿이 펼쳐진 자작나무숲〉에서

　이 시는 용대리의 자작나무숲을 공간이미지로 하고 있지만, 어찌 그곳만이랴. 시인의 토포필리아에는 〈상사화의 날들〉, 〈바다의 숨결〉이 보물처럼 숨어 있다. 이들 작품들은 그저 개별적인 존재의미를 보여주는 게 아니라, 하나의 숨결처럼 일시에 불꽃을 일으킨다.

　김순자의 시편은 이에 이르러 불꽃놀이와 같은 장엄한 희열을 일으키게 한다. 독일의 철학자 아도르노는 이런 불꽃놀이를 "예술의 가장 완전한 형태다. 그 영상이 최고의 완성의 순간에 보는 이의 눈앞에서 다시 사라지기 때문이다."라고 했던가. 불꽃은 황홀하다. 세상의 그 어떤 색깔도 꽃불의 빛깔에 비할 수 없을 만치 황홀하다. 그 매력은 바로 순간의 환희에 있다. 김순자의 시편은 이런 지평에 있다.

3. 에필로그 epilogue

　이제 김순자 시인의 시집 《문득,》에서 구현한 시세계

에 대한 고구考究를 마무리할 단계다. 시인이 추구하고자 한 세계의 진술 규명은 이 시집의 에필로그에 해당하는 시편 〈눈 감으면 떠오르는〉에 집약되어 있다.

  이 시편은 "후미진 구경바위 비탈진 모퉁이 꿈을 꾸다 가위에 눌려 소스라친다"에서 출발한다. 이 시의 모티브이다. 서사적으로 전개된 이 시편은 시인의 자화상이요, 고향찾기 곧 토포필라아를 집약하고 있다. 산문시로 된 일종의 스토리텔링과도 흡사하다. 시인의 자기얼굴 그리기라 해도 무방하다. 고향이란 공간적 이미지를 중심으로 이 한 수의 시편에 생애의 역사를 담고 있다. 마땅히 이 시집을 내고자 한 동기요, 시집의 마무리인 에필로그다. 시인의 진솔한 삶의 존재 각성의 메시지다.

    낮의 현란한 빛이 아스라이 저물고 청소를 끝낸 외톨이 하굣길. 목도牧渡는 중고등학교와 면사무소가 있는 불정면佛頂面 소재지다. 강물보다 지형이 얕아 마을 둘레로 강둑이 쌓여있다. 둑이 시작되는 외진 곳에 상여집이 있고, 강 건너 배를 타고 목도에 5일장을 보러 감물면 사람들이 오가는 나루터 끝자락. 여기서부터 초긴장으로 달리기는 시작된다.

    (중략)

멀리서 개 짖는 소리도 반가운 삼신댕이, 띄엄띄엄 세 채의 인가가 보인다. 겨우 한숨 돌리고 또 산모퉁이를 돌고 돈다. 산은 낮아도 어둠의 구렁 길에는 살쾡이 소리가 여전하다. 날카로운 짐승들이 우짖는 눈빛을 밟으며, 달리고 달려 아득히 희미한 불빛이 번지는 들말, 이십여 호의 큰 동네가 보인다. 후유~ 긴장이 풀리면서 온몸의 힘이 쭉 빠진다. 크게 한숨을 들이키며 천천히 들말동네를 지난다. 몸서리치게 멀고도 가까운 십리 하굣길. 산 밑 작은 골짜기에 두어 채의 인가가 보이는 샘골을 지나 조금만 더 올라가면 우리 동네 덕실이다.

이윽고 순자야! 동구 밖 멀리 마중 나온 엄마가 부르는 소리, 힘이 돋아 달려가던 발자국 자국마다 피어오른 서리 녹은 온기. 밤하늘에 별처럼 아롱진 엄마의 자리. 지금도 모락모락 김이 피어오르듯 엄마란 이름만 불러도 그리운, 부르면 가슴 뭉쿨 메이는 그 이름 엄~마.

-〈눈 감으면 떠오르는〉에서

목도牧渡, 불정면 소재지라는 공간은 시인의 토포필리아를 감지하게 하는 공간적 이미지다. 자연인으로서의 시인의 역사는 이곳에서 펼쳐진다. 그 공간에 대한 사랑은 마르셀Marcel이 말하듯, 공동존재로서의 '존재'을 떠올리게 한다.

지금도 시인에겐 환청처럼 "순자야!"라는 엄마가 부르는 소리가 들려온다. "밤하늘에 별처럼 아롱진 엄마의 자리. 지금도 모락모락 김이 피어오르듯 엄마란 이름만 불러도 그리운, 부르면 가슴 뭉쿨 메이는" 엄마의 목소리가 들려오는 듯하다. 김순자라는 시인의 자리, 그의 시적 사유와 감성의 토양이자 출발점이기도 하다. 무수한 시간이 흘러도 항상 시인을 소환케 하는 이런 미적 감성이야말로 시인의 삶이 아닐까 싶다.

그래 그의 시편은 우리들 잠자고 있는 영혼을 일깨우게 한다. 인간의 시간 속에 존재하는 삶의 통찰과 존재의 응시일 것이다. 이 점이 시인 김순자의 마음밭일 것이다. "미네르바의 올빼미는 황혼이 저물어야 그 날개를 편다."라는 연명이 딱 들어맞는 듯하다. 좋은 시편은 이렇게 우리들 존재의 자각을 일깨운다.